LE TARIF DOUANIER

ET LE

BÉTAIL D'AUSTRALIE

DISCOURS

PRONONCÉ PAR M: J.-B.-B. DÉZARNAULDS

CONSEILLER GÉNÉRAL

Dans la Séance du 2 Mai 1895

IMPRIMÉ ET PUBLIÉ

PAR DÉCISION DU CONSEIL GÉNÉRAL EN DATE DÚ 2 MAI 1895

NOUMÉA

IMPRIMERIE CALÉDONIENNE

1895.

DISCOURS

PRONONCÉ PAR M. J.-B.-B. DÉZARNAULDS

CONSEILLER GÉNÉRAL

Dans la séance du 2 mai 1895.

Messieurs,

La question qui nous occupe a été l'objet ou plutôt le prétexte d'une certaine agitation dans la ville de Nouméa. — Tous les pouvoirs publics s'en sont mêlés — la presse est intervenue à son tour, puis les pétitions, une par des habitants de Nouméa en leur demeure, l'autre par des habitants en réunion publique. Bref, il y a eu pression exercée sur l'opinion, avec l'espoir que cette pression s'étendrait aussi sur les votes des conseillers généraux. On est allé jusqu'à menacer de non-réélection les conseillers sortants, s'ils votaient pour l'application du tarif douanier. — Je note simplement ces incidents en passant, car je sais que les conseillers généraux restent absolument étrangers aux bruits du dehors et ne balanceront jamais entre leur *siège à perdre* et le devoir à accomplir.

J'ajouterai que, dans la réunion publique à laquelle j'ai fait allusion, il y a eu des pétitions ou protestations qui n'ont pas été déposées au Conseil général, mais qui ont été publiées et dans lesquelles les protestataires, en des termes peu mesurés, font des injonctions aux conseillers et leur imposent leur volonté. Je crois qu'il est de la dignité du Conseil général de déclarer, afin que personne n'en ignore, que ces protestations ne sont pas parvenues jusqu'à lui — que si elles lui avaient été remises, l'Assemblée tout entière les aurait jetées au panier, — le Conseil général de la Calédonie n'admettant ni n'acceptant le mandat impératif.

Ceci posé, j'aborde l'examen de la question. Je ne ferai pas l'historique de l'élevage local, ce serait trop long ; je me contenterai de tracer à grands traits ce qu'il fut et ce qu'il est aujourd'hui.

Au début de l'occupation, il n'y avait pas de bétail dans le pays, les rares colons qui composaient alors la petite population calédonienne, se trouvaient devant un vaste territoire non occupé, sur lequel toute culture était impossible, soit à cause de la qualité du sol, soit à cause du manque d'habitants. Le meilleur moyen de mettre ces terres en valeur était de combler le vide par des troupeaux, c'est ce que l'on entreprit de faire.

On arriva ainsi à créer une valeur, à faire de rien quelque chose, et de plus à civiliser le pays. Les hardis pionniers de l'époque, malgré les périls et les privations, se dispersaient dans toute l'étendue de la Calédonie, ouvraient le pays, prenaient possession du sol, constituaient la propriété.

L'idée était bonne et l'élevage fit de rapides progrès, soutenu par l'Administration qui se rendait compte des ressources immenses dont cette industrie pouvait être la source, et qui était certaine désormais qu'en même temps que se constituait la propriété, l'élevage assurait dans la colonie l'un des éléments les plus nécessaires à l'alimentation, la viande, rôle essentiel pour un pays isolé qui pourrait être bloqué à un moment donné, et dont la subsistance, hors la farine (à laquelle le maïs suppléerait au besoin), ne saurait plus faire défaut.

Cette administration sage et prévoyante avait, sous le gouverneur Olry, groupé les producteurs, syndiqué les éleveurs et assuré au bétail calédonien la fourniture exclusive de l'administration, qui constituait et qui constitue encore aujourd'hui, par ses nombreux rationnaires, le principal des consommateurs.

Situation excellente pour l'élevage. Le bétail, dans cette période favorable, ne fit que croître et augmenter. Malheureusement la population restait stationnaire; la consommation devint incapable d'absorber la production et il y eut pléthore.

C'est alors que se place le contrat Jouve, 1886, 1887 et 1888, qui fut un contrat désastreux pour les éleveurs.

Heureusement, en 1887, l'usine de Ouaco était fondée. Les années suivantes, elle fonctionnait et l'élevage reprenait vigueur, car il trouvait dans l'usine l'écoulement de son trop plein et dans la fourniture aux divers services qui lui était exclusivement réservée (le bétail étranger étant prohibé) un prix suffisamment rémunérateur.

C'est à cette époque, en 1894, au moment où l'élevage, sorti d'une crise longue et périlleuse, croyait son avenir assuré, que l'administration française retirait la protection qu'elle nous avait donnée pendant 15 ans, trompée sans doute par des rapports erronés, ou par des ennemis du bien public.

Le bétail australien a donc été admis à entrer en lutte, sur notre marché, avec le bétail local.

Pour bien comprendre toute la gravité de cette mesure, il faut voir d'abord quels avantages la colonie a retirés jusqu'ici de l'industrie de l'élevage.

Si l'on considère que les terrains vendus ou loués aux éleveurs comprennent plus de 150,000 hectares, — on se rendra compte aisément que ce sont les éleveurs qui paient la presque totalité (les terrains en culture libre ne s'élevant pas à 10,000 hectares, des recettes portées au budget sous les rubriques :

Produits du Domaine et Contribution foncière.

Le premier de ces chapitres figurait au budget de
1893, pour...................... 250.000 fr.
Le second, pour:................ 105.000
Total.......... 355.000

L'élevage a donc procuré à la colonie, en outre
du rôle civilisateur qu'il exerçait, en dispersant sur
toute l'étendue de notre territoire les hardis colons
qui allaient y établir leur demeure, et en dehors de
toutes les autres charges sociales qui, sous la forme
de contributions indirectes, frappent tous les citoyens,
un revenu annuel de plus de 300,000 francs.

Le résultat immédiat de cette situation a été, pour
la consommation, l'abaissement du prix de la viande,
parce que la viande a été soustraite au monopole
d'un importateur et aux risques de toute nature que
comporte cette importation.

L'élevage, a donc assuré à la colonie la production d'une denrée de première nécessité.

L'élevage a créé une fortune nationale qui se
chiffre par plus de 2.500.000 francs.

L'élevage, par sa production, a retenu dans la colonie le drainage de l'argent qui s'en allait au profit de l'Australie.

Croyez-vous maintenant qu'il soit de l'intérêt général de soutenir l'élevage ?

Et en le faisant, le Conseil général fait-il autre
chose que ce qu'il a toujours fait ?

Avant le tarif douanier, alors qu'il pouvait établir
des taxes, n'a-t-il pas taxé chevaux, bétail, café,
maïs, luzerne, etc. ?

N'a-t-il pas constamment voulu la protection des
produits calédoniens contre les produits similaires
de l'étranger ?

N'est-ce pas là sa politique — et de bonne politique ?

Pourquoi ne voudriez-vous pas en faire autant
aujourd'hui ?

Est-ce pour les raisons qui ont été données hier dans cette assemblée ?

Examinons les :

Première objection. — M. Audrain dit : « A quoi bon discuter ?

« Les règlements d'administration en matière de fourniture ne sont pas, en France, les mêmes que dans les colonies — En France, quand un fournisseur est lésé par l'application d'un droit nouveau établi après la signature du contrat, il est indemnisé. — Il en sera de même pour le contrat Jouve, si on vote le tarif douanier : — le Ministre n'aura pas deux poids et deux mesures. »

Je ne discute pas les assertions de M. Audrain, mais je n'en crois pas un mot. Et est-il bien sûr, pour prendre un exemple, que quand le droit sur les blés, que le tarif douanier avait portés à 2 francs, a été augmenté de 5 francs, est-il sûr que les contracteurs qui avaient des fournitures à 2 francs de droit, ont été indemnisés de la perte que leur faisait subir l'augmentation de cinq francs ? Si mes renseignements sont exacts, ils n'auraient pas été indemnisés.

Et puis, voilà un spéculateur qui soumissionne à un bas prix, dans une adjudication publique, afin d'enlever la fourniture à son concurrent ; c'est l'opération commerciale ordinaire, avec tous les risques qu'elle comporte, de hausse ou de baisse dans les prix, les charges connues ou problématiques.

Il est impossible de saisir ce que le Conseil général a à voir dans cette opération. Parce que le fournisseur de viande à l'Administration a pris le contrat en 1894 pour plusieurs années, le Conseil général sera-t-il tenu de suspendre jusqu'à la fin de son contrat les modifications qu'il juge nécessaires pour l'équilibre de son budget ?

Bref, parce qu'il y a un commerçant fournisseur de viande à l'Administration, les pouvoirs publics seront-ils suspendus ?

Depuis quand, avant de modifier les lois, consultet-on tous ceux qui ont des intérêts engagés dans les affaires et qui peuvent être lésés par ces modifications ?

Quoi que ce soit, que nous importe ? Que le Ministre indemnise le fournisseur, c'est son affaire. Quand à nous, nous n'avons à considérer que l'intérêt du pays. Nous devons nous protéger en votant le tarif douanier, quoi qu'il arrive. S'il n'est pas une protection pour le présent, il en sera toujours une pour l'avenir.

2e objection. — Nous sommes engagés moralement, parce que nous avons déjà voté un droit de quarantaine. En le votant, nous avions entendu nous protéger et nous protéger une fois pour toutes.

— Que M. Leconte, dont l'opinion est reproduite par mes collègues de Dollon et Colardeau, ait entendu s'engager moralement, je ne le discute pas, mais cet engagement n'a aucune valeur pour le Conseil général.

Le Conseil général a voté des droits de quarantaine pour payer les dépenses considérables qu'il y avait à faire pour nous préserver au moins des maladies contagieuses. Vous vous rappelez que ces maladies contagieuses, le bétail d'Australie les avait déjà introduites dans le pays. Disons, si vous voulez, que cette taxe a aussi été votée, en partie, pour nous protéger. Mais sans prendre l'obligation morale ou autre de ne plus nous défendre, s'il y avait nécessité de le faire.

Le Conseil général a bien entendu au contraire ne pas renoncer à l'application de nouveaux droits, et il ne pouvait pas faire autrement.

Pour qui d'ailleurs existerait cette obligation morale ? Est-ce, par exemple, pour M. de Dollon où pour M. Colardeau ?

M. de Dollon a voté contre la quarantaine ; il a protesté contre les droits imposés.

Quant à M. Colardeau, il n'était pas encore conseiller général !

Non ! vous n'avez pas les mains liées. Si vous demandez un droit protecteur, vous demandez qu'on fasse ce qu'on a fait en France quand on a porté le droit sur les blés de 2 francs à 7 francs.

Il n'est pas admissible que les pouvoirs publics soient suspendus, que la représentation locale soit immobilisée, quand le salut public est en jeu. L'argument invoqué n'a donc aucune valeur.

M. Colardeau a fait aussi la critique du Syndicat des Eleveurs. Il l'a fait d'ailleurs avec beaucoup de malice ; il a dit que le venin se trouvait au bout de la queue !

Seulement, il a ajouté que le syndicat était une coalition des gros éleveurs pour écraser les petits, et c'est tout le contraire qui a lieu !

Ce sont les petits éleveurs qui se sont réunis pour résister aux gros.

M. Escande ne fait pas partie du syndicat ; moi non plus ! Il est vrai que je ne suis pas un gros éleveur ; je n'ai plus que peu de bétail !

M. Escande a d'ailleurs répondu victorieusement à M. Colardeau sur ce point.

M. Colardeau a dit aussi que l'intérêt des consommateurs s'opposait à l'application du tarif douanier. Je vous démontrerai le contraire tout à l'heure.

Reste M. Ch. Simon. — M. Ch. Simon et M. Colardeau ont droit à la reconnaissance des éleveurs pour les aperçus nouveaux et profonds qu'ils ont apportés dans le débat. Ils ont dit des choses dont ont ne s'était jamais douté jusqu'ici. Voilà l'avantage de voir les questions traitées par des gens compétents.

M. Ch. Simon est un conducteur de peuple et il veut que son peuple soit gras. Il veut lui faire manger de la bonne viande et il lui conseille le *roast-beef* australien. Ceci est d'un bon cœur.

Mais je voud'rais savoir si M. Ch. Simon ne serait pas dans le cas de ce journaliste fameux qui après avoir acheté le matin son filet à la Boucherie des

Eleveurs, et l'avoir savouré comme seul il sait le faire, fulmine le soir dans son journal, contre la carne calédonienne !

Oui, il y a du beau bétail en Nouvelle-Calédonie, et si vous ne le savez pas, vous êtes dans l'erreur. Mais, en tout cas, ne croyez pas ce que vous racontent les garçons épiciers dans les réunions publiques.

Maintenant, je vous remercie des excellents renseignements et des conseils judicieux que vous nous avez donnés. Les éleveurs en feront leur profit, croyez-le bien, et M. Ch. Simon deviendra le dieu de l'élevage.

Cependant, en dehors de cette enceinte, on a dit encore autre chose, on a fourni pour la question des arguments qui, il est vrai, n'ont pas été reproduits par nos adversaires ; mais je les reprendrai un à un, parce qu'il faut, dans ce débat, que rien ne soit laissé dans l'ombre.

Voici d'abord les raisons données pour l'adoption de la pétition du Syndicat des éleveurs, par la Chambre d'agriculture :

Vœu de la Chambre d'agriculture.

Le tarif douanier a été établi par une loi ; qu'on le veuille ou non, il faut s'y soumettre, il n'y a donc pas d'adhésion à donner ou refuser.

Le Conseil général a toujours protesté et proteste encore contre le tarif douanier. Il a toujours fait ses efforts pour alléger autant que possible l'application de ce régime. Mais ce n'est pas là une raison pour que ce même Conseil général abdique le droit de protection aux industries du pays comme il la pratiquait avant l'application du tarif douanier. Si le Conseil général ne peut régler lui-même l'étendue de sa protection, il peut et doit, pour sauvegarder la fortune publique, solliciter tour à tour de l'Etat, suivant les nécessités du moment, l'application ou le retrait du tarif douanier.

Jamais il n'a été dans l'esp. it du Conseil général de livrer aux chances de la concurrence étrangère les produits de son agriculture naissante. — Ses votes en sont la preuve.

Vote du 8 avril 1892 en faveur de la taxe sur le bétail. — Si plus tard le Conseil général revenait sur son vote, c'est qu'il lui était clairement démontré que dans les conditions d'existence de l'élevage à cette époque, il pouvait sans nuire à la sécurité de cette industrie, être favorable à une autre : la fabrication des conserves à Ouaco, fabrication qui ouvrait un débouché pour le bétail de la colonie.

Sommes considérables retenues dans le pays.

L'application du tarif douanier au bétail d'Australie n'amènera pas d'augmentation dans le prix de la viande, du moins si augmentation il y a, elle sera peu sensible. — Pour s'en convaincre, il suffit d'examiner les prix de la viande aux différentes époques des fournitures. — On verra que, quel que soit le prix alloué au fournisseur, le prix de la viande pour les particuliers est à peu près la même. Au surplus, cette augmentation, si elle se produisait, serait largement compensée et au delà, par les sommes considérables qui resteront dans le pays et qui aideront à nous faire sortir de la crise que nous traversons et donneront d'abord aux pauvres les moyens d'acheter de la viande — ce qui importe avant tout.

On peut évaluer au bas mot à 650,000 francs la somme que le fournisseur enverra chaque année en Australie pour se procurer du bétail — et que nous perdons.

En l'état actuel, la production étant supérieure à la consommation, comment le prix de la viande pourrait-il s'élever?

Le prix de la viande s'élèvera si, par la concurrence, l'élevage calédonien disparaît. Le jour où

Nouméa aura pour unique ressource l'importation du bétail australien, ce à quoi elle tend, ce jour là, la cherté de la viande sera fatalement un obstacle à sa consommation.

Considérations diverses

D'autre part, parmi les arguments fournis contre la pétition, je remarque d'abord le vœu de la Chambre de commerce qui nous dit : « Prenez garde ! Ne touchez pas à la reine ! ne faites pas adhésion au tarif douanier, sinon nous sommes perdus ! ».

Eh bien ! c'est une erreur, car en demandant l'application du tarif douanier au bétail d'Australie, vous ne faites pas acte d'adhésion au tarif douanier.

Est-ce que vous avez adhéré à la loi des mines ? Cependant vous l'utilisez tous les jours.

Si on vous donne un mauvais outil, vous êtes bien obligé de vous en servir jusqu'à ce qu'on vous le change; cela ne veut pas dire que vous adhériez à l'emploi de cet outil.

Le tarif douanier vous a été imposé par la volonté nationale. Pouvez-vous résister à la loi ? Non, la loi est mauvaise, mais vous êtes forcés de la subir, et alors il serait puéril de ne pas en profiter dans la mesure du possible.

On a dit aussi que le Conseil général, dans un accès de libre échange, avait demandé lui-même l'exemption du bétail australien.

C'est faux !

Le Conseil général n'a pas cru nécessaire de voter la taxe, parce que nous étions alors protégés par le texte même des contrats de viande, parce que l'Administration d'alors, sage et prévoyante, avait chassé l'étranger du pays et avait dit à ses rationnaires : « Vous ne mangerez que du bœuf calédonien. »

On nous a reproché d'avoir voulu faire un grand coup, et de ne voir en tout que notre intérêt. On nous a dit : «Vous êtes des exploiteurs ! Vous buvez la sueur du peuple ! »

Moi, je réponds : « Si vous tuez l'élevage, qui est notre fortune, et que vous soyez réduits plus tard au bétail d'Australie, vous verrez ce qu'il vous en coûtera. »

Vous ne savez donc pas ce qu'il faut dépenser pour l'importation de ce bétail, l'aménagement du navire, le fret, la commission, les risques, etc.?

Et supposons que vous achetiez la viande 10 ou 15 centimes de plus. Les éleveurs deviendront riches, n'est-ce pas? Eh bien, quand les éleveurs sont riches, la colonie est prospère, et les mastroquets vendent beaucoup de petits verres.

A quoi vous servira d'envoyer votre argent en Australie, et comment ferez-vous pour acheter du bœuf, fût-ce du bœuf d'Australie, quand vous n'aurez plus le sou?

Il vaut mieux payer la viande plus cher, mais avoir du travail, c'est-à-dire gagner de l'argent.

Rien n'est plus triste que de voir baisser les salaires, et rappelez-vous que quand la vie est à bon marché, c'est un signe que la misère est grande, parce que tous les prix sont avilis. Quand un pays est riche, les salaires sont élevés; il faudrait tripler les salaires.

Ce qui me surpasse, ce qui me force à rire, pour ne pas être obligé d'en pleurer, c'est de voir avec quelle facilité une partie de la population se laisse entraîner à ces aberrations.

Des petits commerçants, des ouvriers, croient, de bonne foi, défendre la cause de l'intérêt public, et ils ne voient pas que l'intérêt public porté à sa plus haute puissance, c'est l'élevage; que l'élevage, c'est le salut public.

Ils ne comprennent pas que nous sommes tous solidaires les uns des autres, que si une fraction, si minime qu'elle soit, de la population est frappée, tout le corps social s'en ressent.

Ils voient rouge dans cette affaire, comme ils ont vu rouge contre la maison Ballande quand elle a fait baisser le prix de la viande, comme ils ont vu rouge contre la minoterie quand elle a fait tomber à 19 francs le sac de farine qui se vendait 30 francs.

Et ils ne voient pas qu'ils sont le jouet d'une bande de faiseurs, de ces maîtres-chanteurs qui tournent autour de toutes les fournitures, pour se faire des rentes sur le dos du public. Ces exploiteurs, on les appelle les amis du peuple, et nous qui avons toujours été avec le peuple et pour le peuple, c'est nous qui maintenant, devenons les exploiteurs !

Vous vivez dans le rêve !

Vous avez fait un vœu, vous avez demandé la suppression de la transportation. S'il n'y avait que vos vœux et ceux du Conseil général pour changer la situation, nous pourrions dormir tranquilles ; mais il n'en est pas moins vrai que l'Etat a pris prétexte de vos criailleries pour donner satisfaction à l'Angleterre, qui paraissait craindre que le voisinage de nos forçats ne contaminât l'Australie ! l'Australie, comme tous les parvenus, n'aime pas qu'on lui rappelle son origine !

Vous avez ainsi jeté à la mer, avec une désinvolture de gentilshommes, les 3 millions que la transportation et la troupe mettaient tous les ans dans le pays, et comme si cette satisfaction ne lui suffisait pas, pauvre Australie ! vous lui donnez encore tout votre argent. Vous, patriotes, vous voulez que l'Australie profite encore des derniers tronçons de la transportation qui s'en va et draine toute la fortune publique, l'argent de votre bétail. C'est complet !

Le peuple sera éternellement tondu. Il bêle sous les caresses de ses exploiteurs, et quand c'est un de ses amis qui le touche, il rugit.

Que votre volonté soit donc faite. Seulement,

quand vous aurez été tondus jusqu'au sang, vous ne pourrez pas vous plaindre, car vous aurez été avertis.

Ah ! il ne faut pas être prophète pour vous dire : « Si vous ne sauvez pas l'élevage en votant le tarif douanier, la ruine est faite ! »